BIBLIOTHÈQUE MESSINE A L'USAGE DES ENFANTS

# SCÈNES MILITAIRES ILLUSTRÉES

## METZ
GANGEL et P. DIDION, ÉDITEURS.

Bibliothèque Messine à l'usage des Enfants.

# SCÈNES
# MILITAIRES
# ILLUSTRÉES

METZ
GANGEL et P. DIDION, Éditeurs.

Metz, typ. Gangel et P. Didion.

# ALPHABET

### MAJUSCULES

A B C D E F G
H I J K L M N
O P Q R S T U
V X Y Z W Ç

### MINUSCULES

a b c d e f g h i j
k l m n o p q r s
t u v x y z æ œ &

### CHIFFRES

1 2 3 4 5 6 7 8 9 0

Quand on a vingt ans il faut tirer au sort, si l'on attrappe un mauvais numéro il faut être soldat; partez conscrits, vous n'en mourrez pas.

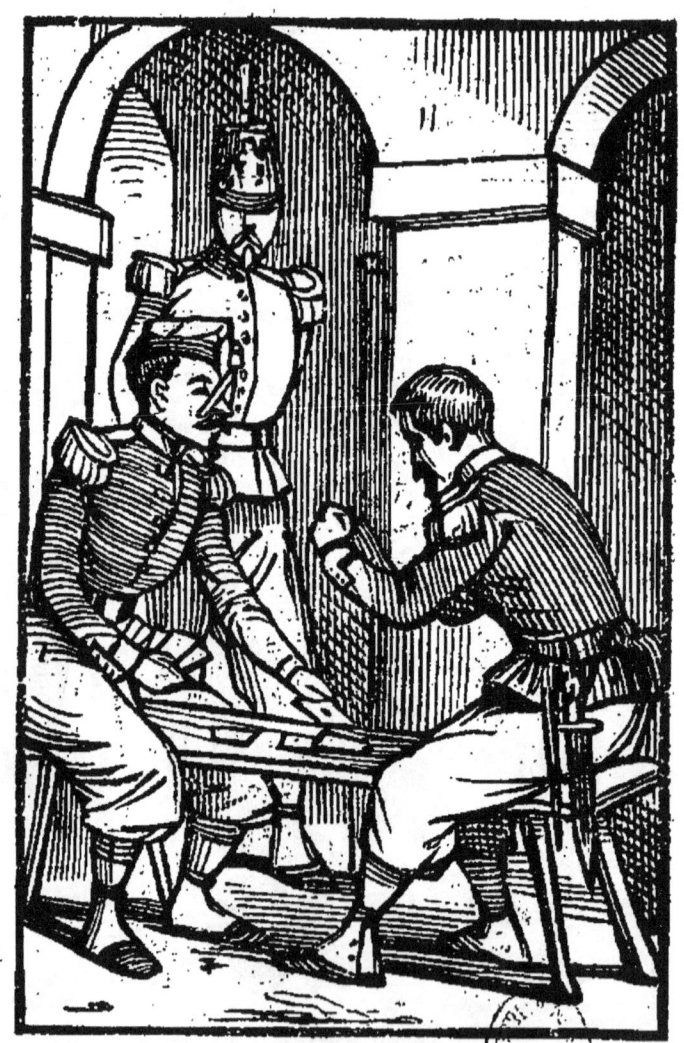

Au régiment on ri, on s'amuse, on joue aux cartes, à la savatte, aux boules; on va se promener à la campagne une baguette à la main.

On visite certains spectacles forains sans payer, il suffit pour cela de prêter son individu à quelqu'hercule qui veut montrer sa force à la société.

Et puis on a la chance de rencontrer une payse, bonne d'enfant, avec laquelle on peut parler du village et de mille autres choses intéressantes.

La payse ne manque jamais de vous inviter à prendre un potage dans sa cuisine; toujours on parle du village et de mille autres choses intéressantes.

Les zouaves cultivent les payses et la bouteille, en voici deux qui font leur toilette, ils ont touché leur prêt, ils vont aller le fondre au cabaret.

N'ayant plus d'argent ils reviennent à la caserne en faisant de légers zig-zags, bah! ils retrouveront leur chemin. Jamais zouave ne s'est perdu.

Le cavalier, outre l'agrément de monter à cheval, a l'avantage de porter de beaux habits: le casque est pesant, la cuirasse est lourde, mais aussi l'on est bel homme.

Le cavalier dédaigne la promenade, qu'il laisse aux vulgaires fantassins, il aime mieux occuper ses loisirs à jouer au bouchon ou à pêcher à la ligne.

Ou bien il fait danser sa payse; on a remarqué ce fait assez bizarre que tous les cavaliers, les hussards surtout, avaient toujours de jolies payses.

Quand on arrive de son village et qu'on n'a qu'un jour de service, il est permis de confondre un âne avec un mulet, mais un suisse de paroisse avec un gros-major, jamais.

Si l'état militaire a des charmes il a aussi de petits désagréments, le fantassin avec son pantalon rouge risque parfois d'exciter la colère des taureaux.

Étant de faction par un grand vent, vous pouvez être emboîté dans votre guérite, ça n'est pas dangereux ni déshonorant, mais c'est toujours un peu gênant.

En marche, la pluie peut vous surprendre et vous mouiller jusqu'aux os, vous avez le droit de pester, de rager, ça n'est pas défendu par le réglement.

Le cavalier n'est point exempt de petites corvées désagréables, ne faut-il pas qu'il nettoie l'écurie et qu'il porte la botte et l'avoine à Coco.

Coco c'est le poulet d'Inde, c'est-à-dire le cheval. Le cavalier doit le soigner, le panser, l'étriller et le laver par devant et par derrière.

Un bouton mal astiqué, une tache à votre habit, un clou de moins à vos souliers, vous vous exposez à aller méditer pendant vingt-quatre heures à la salle de police.

Heureusement que pour un sou la cantinière vous offre un petit verre de consolation, ça vous fait oublier les petits désagréments du métier.

Si vous avez la chance d'avoir un bras, une jambe, un œil, ou n'importe quoi de moins, vous avez le droit, à soixante ans, d'aller mourir aux Invalides.

En somme, les militaires sont tous de bons garçons qui aiment les enfants, à votre tour, chers lecteurs, aimez les soldats ou vous seriez des ingrats.

BIBLIOTHÈQUE NOUVELLE A L'USAGE DES ENFANTS

# SCÈNES
# MILITAIRES
# ILLUSTRÉES

www.ingramcontent.com/pod-product-compliance
Lightning Source LLC
Chambersburg PA
CBHW070527050426
42451CB00013B/2892